2단계

치치·밍밍과 함께하는

중국어 배우기

跟启启・明明一起学汉语

발음연습편

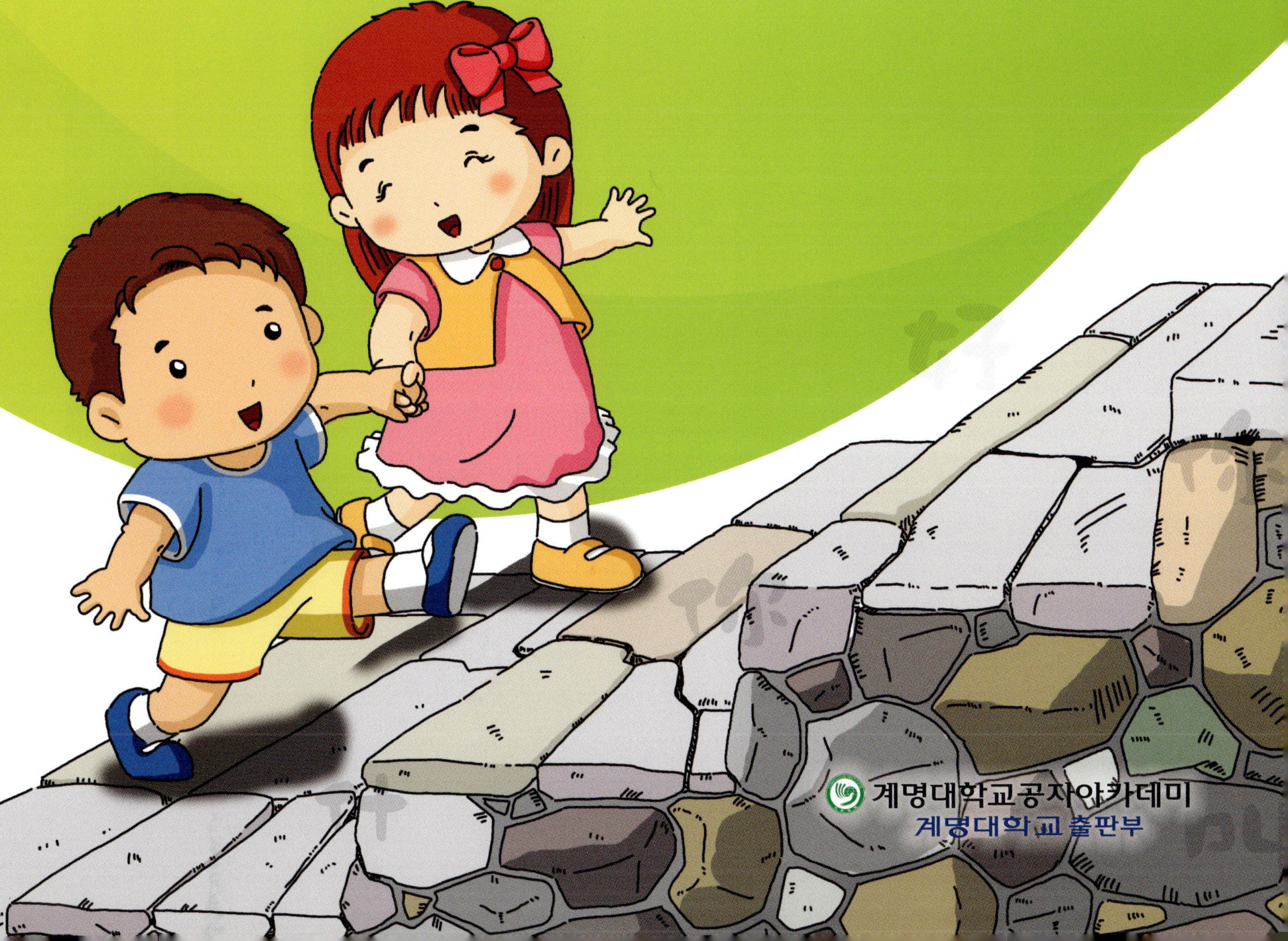

계명대학교공자아카데미
계명대학교출판부

머리말

어린이 여러분
신나고 즐거운 중국어의 세계로 오신걸 환영 합니다.
여러분은 중국이 어떤 나라 인지는 잘 알고 있나요? 중국은 세계에서 3번째로 땅이 넓은 나라 이며, 13억의 인구가 살고 있는 나라 입니다. 아주 큰 나라 이지요. 이렇게 많은 사람들이 쓰는 언어를 이제 우리 어린이 여러분들도 배워 볼 거예요. 어린이 여러분이 주인공인 21세기는 영어는 물론 중국어도 말 할 줄 알아야 하는 시대 입니다. 중국이 세계의 강국으로 떠오르기 때문이지요. 중국이라는 나라를 잘 알려면, 먼저 그 나라 말을 할 줄 알아야 해요. 중국어는 중국이라는 나라를 잘 알기 위한 하나의 방법입니다.
중국어는 어려운 언어가 아닙니다. 한자 또한 어려운 글자가 아닙니다. 중국어와 한자가 재미있고 쉽다는 것을 이 책을 통해서 알게 될 것입니다. 하나하나 천천히 우리의 주인공 启启와 明明이를 따라 함께 중국어를 배워 볼 거예요.

부모님들께.
UN에서 지정한 공식 언어 가운데 하나인 중국어.
13억 인구가 사용하고 있는 중국어. 중국어는 중국과 대만 이외에도 동남아 전 지역에 걸쳐 통용 되는 최다 사용언어 입니다. 이제 21세기는 중국어의 필요성이 절대 적입니다.
이미 중국어의 열풍은 식지 않고 치솟고 있습니다. 2008년 북경 올림픽의 성공적인 개최로 그 열기는 더욱 강하게 일어 나고 있습니다.
이제 중국을 말하지 않고서는 세계의 정치, 경제, 문화를 말 할 수 없다 해도 과언이 아닙니다.
또한 한국의 각 대학에서도 중국학과, 중국어의 중요성을 더욱 부각 시키고 있는 실정입니다.
여기에 발맞추어 어린이들이 중국어를 공부하는 것은 당연한 것입니다.

본 교재는 중국어를 전공하신 선생님들이 어린이들의 학습 동기를 이끌어 내고, 중국어를 어렵지 않고 재미있게 심사숙고 하여 만들었습니다.
본 교재를 통해 어린이들이 21세기를 한발 앞서 준비하고, 진정한 21세기의 주인공의 역할을 할 것이라 기대 하는 바 입니다.

목 차

구성안내

* 본권은 중국어 발음의 중요성을 말하고, 보다 정확한 발음을 배우고 구사함으로써 중국어의 효율을 높이고자 아래와 같이 구성 하였습니다.

각 과별로 일상생활에서 자주 쓰는 단어들을 모아서 발음 하는 법을 배우고 어휘력 향상에 도움을 줍니다.

学习韵母 (함께 운모를 배워요)

중국어 발음에 있어서 가장 기본적인 발음법을 배움으로써 중국어의 기초실력을 향상 시켜줍니다. 또한 발음에 따른 단어들도 배웁니다.

一起来贴 (함께 스티커를 붙여봐요)

반복적인 연습을 통해 다시금 앞서 배운 단어를 복습합니다. 스티커를 붙이며 학습에 꼭 필요한, 집중력도 키웁니다.

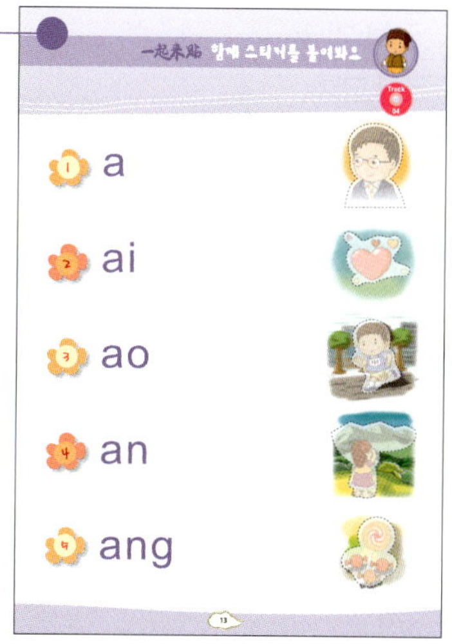

중국에 대한 가장 기본적인 상식을 공부 합니다.

一起来画 (함께 점선을 따라 그려봐요)

중국어 발음을 직접 써 보면서 익힙니다. 많이 써 보면서 글자의 뜻도 익힙니다.

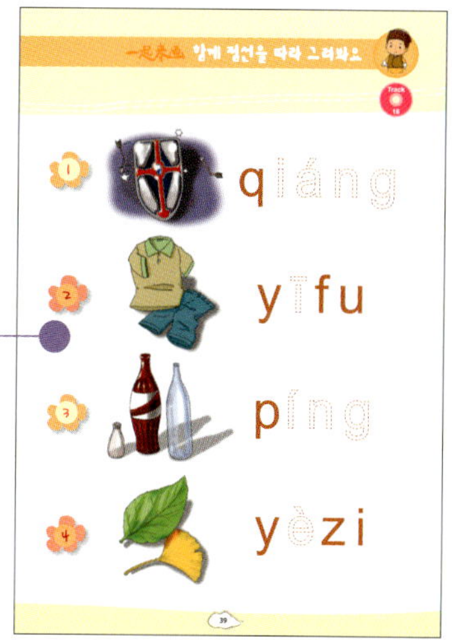

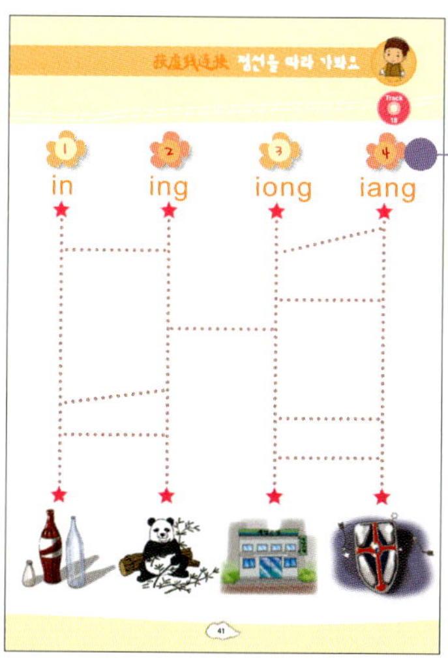

按虚线连接 (점선을 따라 가봐요)

배운 단어들을 게임을 하면서 익힙니다. 중국어 단어 실력이 쑥쑥 늘어 납니다.

플래쉬 카드 그림

플래쉬 카드를 가지고 공부합니다. 언제나 어디서나 쉽게 가지고 다니면서 공부 할 수 있도록 만들었습니다.

启启 明明과 함께하는

중국어 배우기

Track 01

韵母 第1课
운 모 제 1 과

1. 身体 (신체)

Track 02

a ai ao an ang

ā á ǎ à

bàba
爸爸
아빠

àì

爱

사랑하다

pǎo

跑

달리다

an

kàn

看

보다

ang

táng

糖

사탕

一起练习 함께 듣고 선을 그어봐요

Track 03

1 ★ ★ ai

2 ★ ★ a

3 ★ ★ ao

4 ★ ★ an

5 ★ ★ ang

一起来贴 함께 스티커를 붙여봐요

Track 04

1 a

2 ai

3 ao

4 an

5 ang

启启 明明과 함께하는

중국어 배우기

Track 05

韵母 第2课
운모 제2과

2. 衣服（六）

Track 06

o ou ong

ō ó ǒ ò

wǒ
我
나

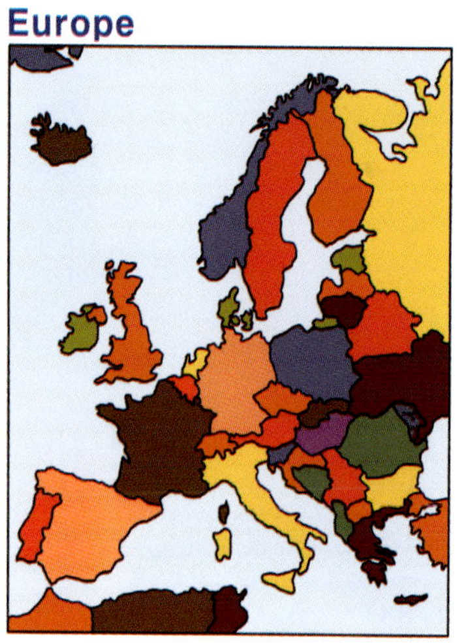

ōuzhōu

欧洲

유럽

kǒnglóng

恐龙

공룡

Track 07

1 ★ ★ ou

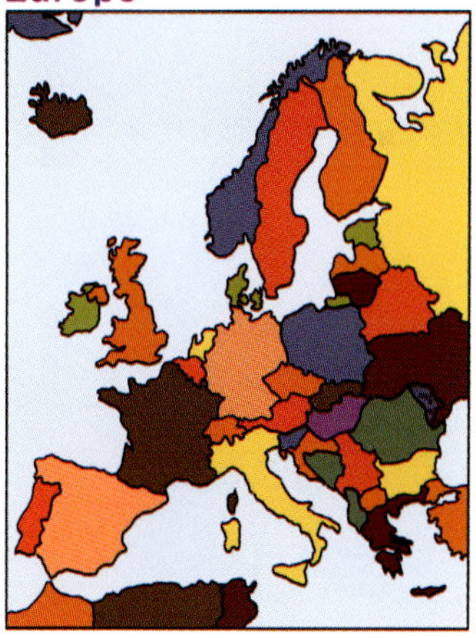

2 ★ ★ o

3 ★ ★ ong

一起来贴 함께 스티커를 붙여봐요

Track 08

1 ou

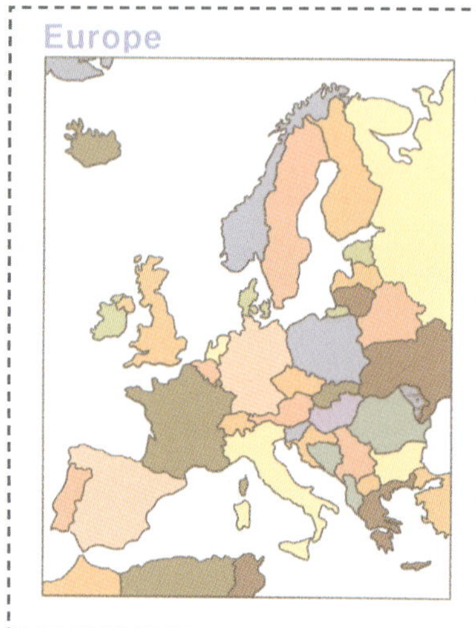

2 o

3 ong

1. 알고 있나요?

중국 지도

중국은 러시아, 캐나다 다음으로 세계에서 세 번째로 큰 나라 입니다.
땅이 아주 넓은 나라 이지요.
중국이라고도 하지만 중국의 정식 명칭은 중화인민 공화국 입니다.

后后 明明과 함께하는

중국어 배우기

Track 09

韵母 第3课
운모 제3과

3. 浴室(욕실)

Track 10

e ei en eng er

ē é ě è

è

饿

배고프다

fēijī

飞机

비행기

mén

门

문

mèng
梦
꿈

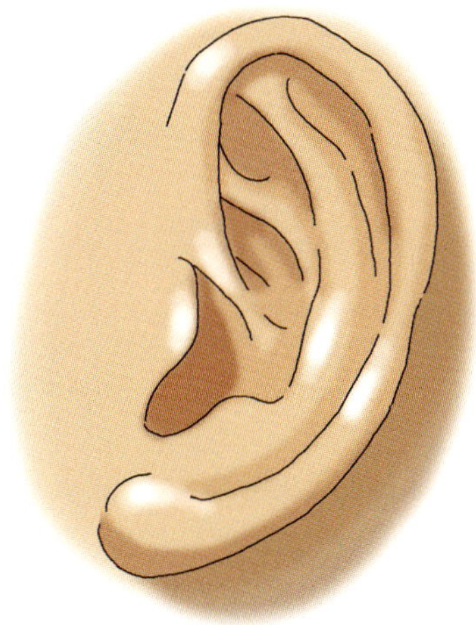

ěrduo
耳朵
귀

一起练习 함께 듣고 선을 그어봐요

Track 11

1 ★	★ eng 
2 ★	★ er 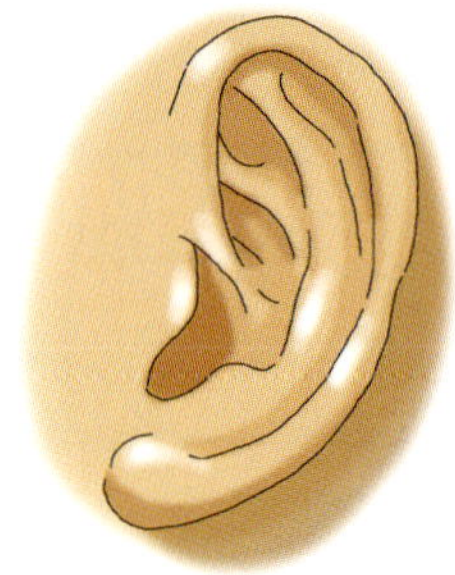
3 ★	★ e 
4 ★	★ en 
5 ★	★ ei 

一起来贴 함께 스티커를 붙여봐요

Track 12

1 e

2 ei

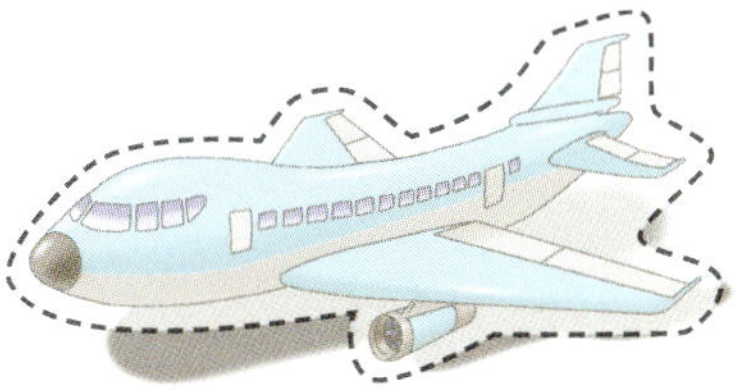

3 en

4 eng

5 er

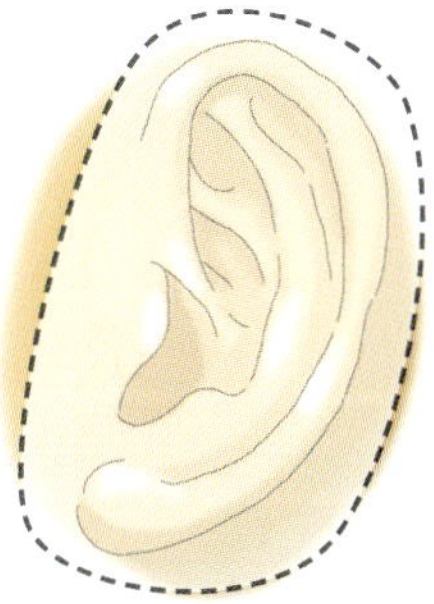

启启 明明과 함께하는
중국어 배우기

Track 13

韵母 第4课
운모 제4과

4. 家(집)

空调 kōngtiáo
沙发
shāfā
冰箱
bīngxiāng
电话
diànhuà
洗衣机
xǐyījī
电视
diànshì

Track 14

i ya yao yan ye in ing yong yang

yī yí yǐ yì

yīfu

衣服

옷

yāzi

鸭子

오리

piàoliang

漂亮

예쁘다

diànnǎo

电脑

컴퓨터

yèzi

叶子

나뭇잎

yínháng

银行

은행

píng

瓶

병

xióngmāo

熊猫

판다 곰

qiáng

强

강하다

一起练习 함께 듣고 선을 그어봐요

Track 15

1 ★ ★ iao

2 ★ ★ iang

3 ★ ★ ia

4 ★ ★ in

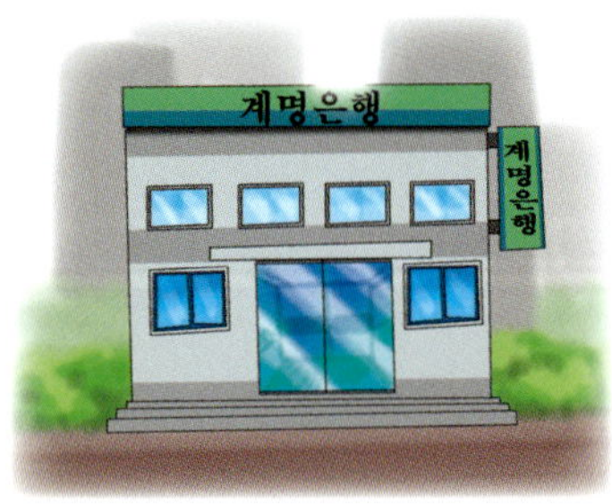

5 ★ ★ ian

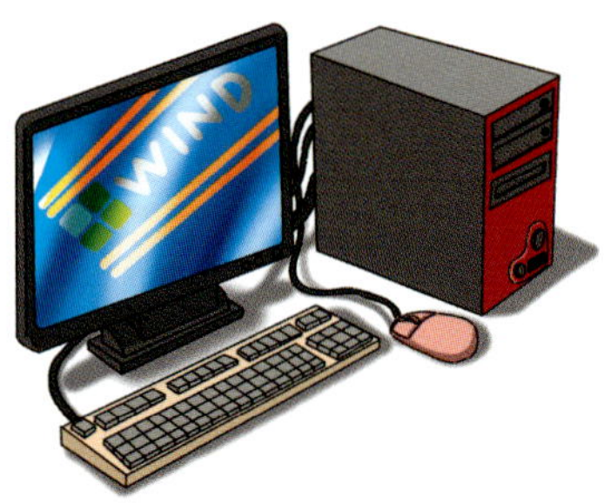

一起来画 함께 점선을 따라 그려봐요

Track 16

1 

qiáng

2 

yīfu

3 

píng

4 

yèzi

一起来贴 함께 스티커를 붙여봐요

Track 17

1 i

2 ia

3 iao

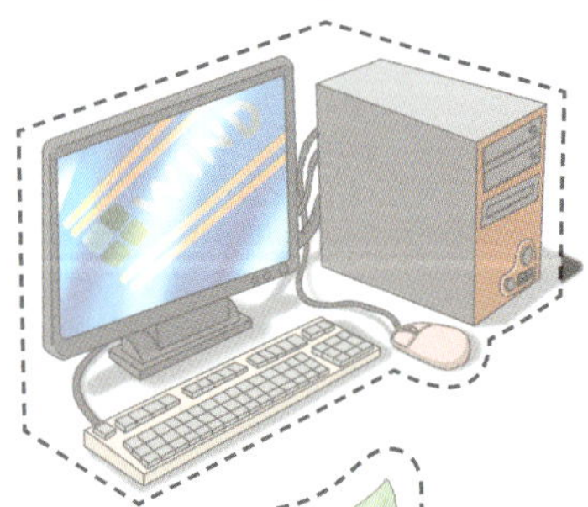

4 ian

5 ie

按虚线连接 점선을 따라 가봐요

Track 18

1 in

2 ing

3 iong

4 iang

启启 明明과 함께하는
중국어 배우기

Track 19

韵母 第5课

운 모 제 5 과

5. 点心 (간식)

冰淇淋
bīngqílín

牛奶
niúnǎi

棒棒糖
bàngbàngtáng

饺子
jiǎozi

面包
miànbāo

蛋糕
dàngāo

Track 20

u

wa wo wei wan
wai wang weng wen

ū ú ǔ ù

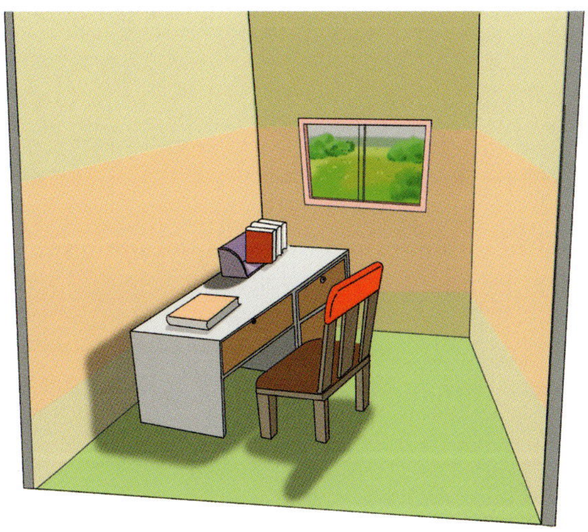

wūzi
屋子
방

ua

wáwa

娃娃

인형

uo

wōniú

蜗牛

달팽이

uei

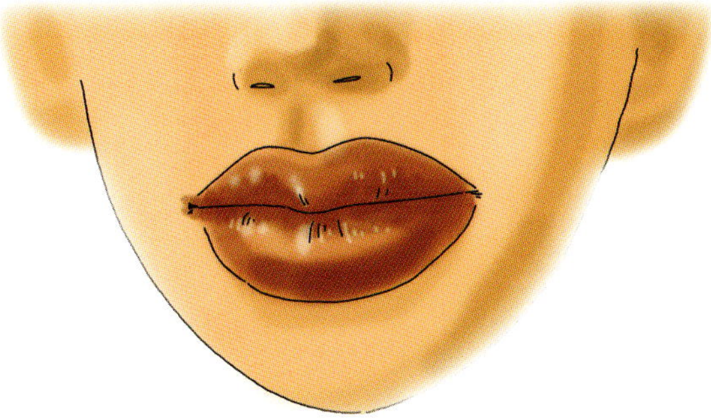

zuǐba

嘴巴

입

uan

luàn

乱

어지럽다

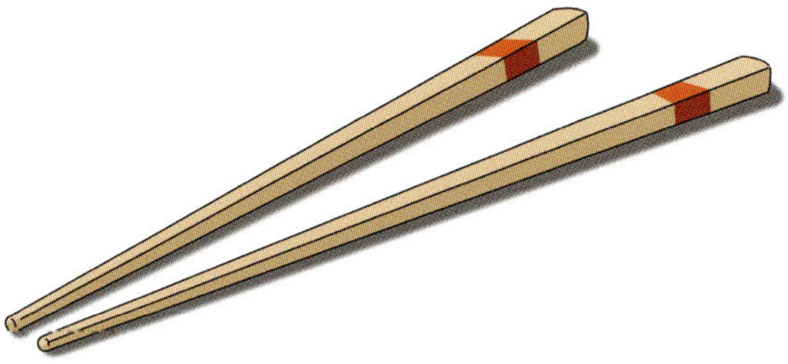

kuàizi

筷子

젓가락

huángsè

黄色

노란색

wèng
瓮
항아리

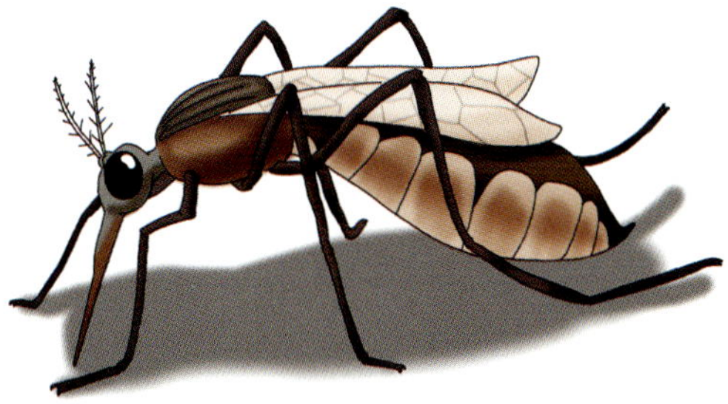

wénzi
蚊子
모기

一起练习 함께 듣고 선을 그어봐요

Track 21

1 ★ ★ u

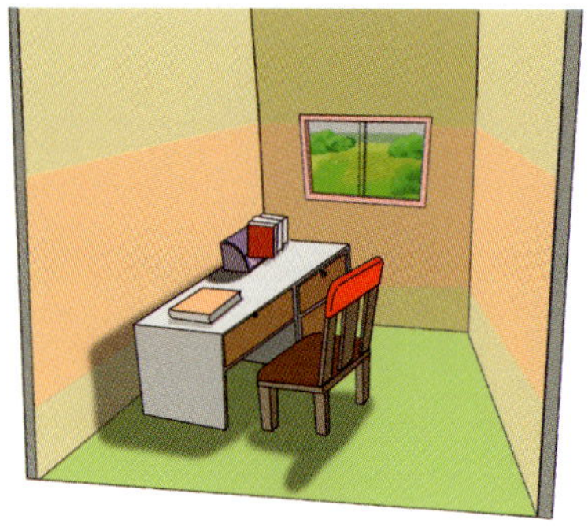

2 ★ ★ ua

3 ★ ★ uo

4 ★ ★ uei

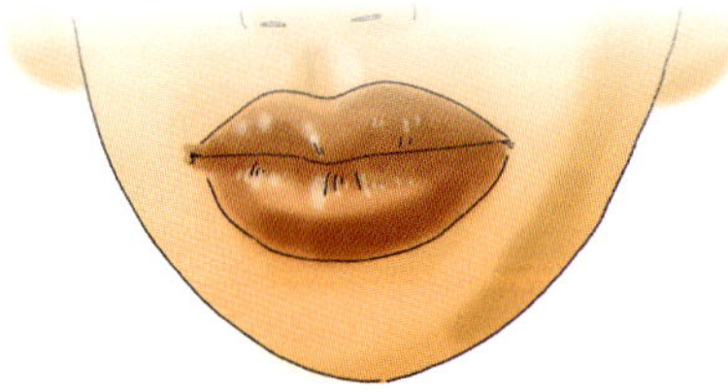

5 ★ ★ uan

Track 22

1

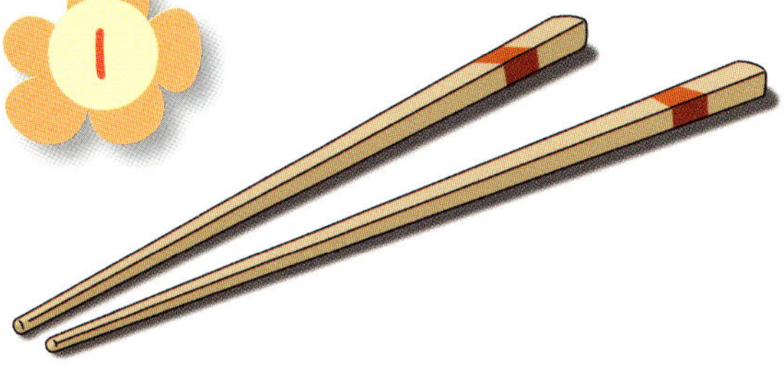

kuàizi

2

huángsè

3

wèng

4

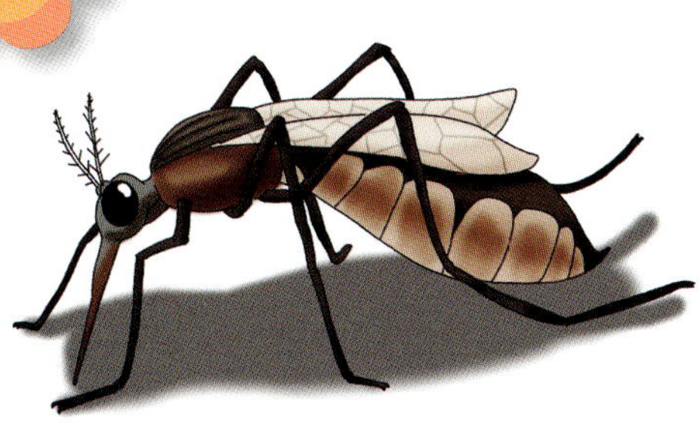

wénzi

一起来贴 함께 스티커를 붙여봐요

Track 23

1 u

2 ua

3 uo

4 uei

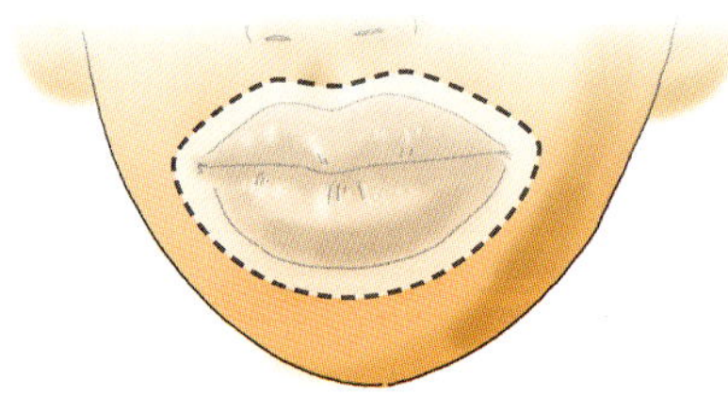

5 uan

按虚线连接 점선을 따라 가봐요

Track 24

1	2	3	4
uai	uang	ueng	uen

启启 明明과 함께하는

중국어 배우기

Track 25

韵母 第6课

운모 제6과

6. 院子 (정원)

Track 26

yü

yüe yüan yün

ǖ ǘ ǚ ǜ

yǔ
雨
비

ue

yuèliang

月亮

달

uan

yuǎn

远

멀다

un

yún

云

구름

一起练习 함께 듣고 선을 그어봐요

Track 57

1 ★	★ un	
2 ★	★ u	
3 ★	★ uan	
4 ★	★ ue	

一起来画 함께 점선을 따라 그려봐요

Track 28

1

yǔ

2

yuèliang

3

yún

一起来贴 함께 스티커를 붙여봐요

Track 29

1 u

2 ue

3 uan

4 un

启启 明明과 함께하는

중국어 배우기

Track 30

声母 第1课
성 모 제 1 과

1. 蔬菜 (채소)

계명채소가게
大葱
dàcōng
黄瓜
huángguā
土豆
tǔdòu
西红柿
xīhóngshì
菠菜
bōcài
蒜
suàn

学习声母 함께 성모를 배워요

Track 31

bàozhǐ

报纸

신문

píngguǒ

苹果

사과

m

māo

猫

고양이

f

fēngzheng

风筝

연

一起练习 함께 듣고 선을 그어봐요

Track 32

1 ★ ★b

2 ★ ★p

3 ★ ★m

4 ★ ★f

一起来贴 함께 스티커를 붙여봐요

Track 33

1 b

2 p

3 m

4 f

启启 明明과 함께하는

중국어 배우기

Track 34

声母 第2课
성모 제2과

2. 颜色(색깔)

绿色 lùsè
绿色 lüsè
黑色 hēisè
白色 báisè
蓝色 lánsè
黄色 huángsè
红色 hóngsè

学习声母

함께 성모를 배워요

Track 35

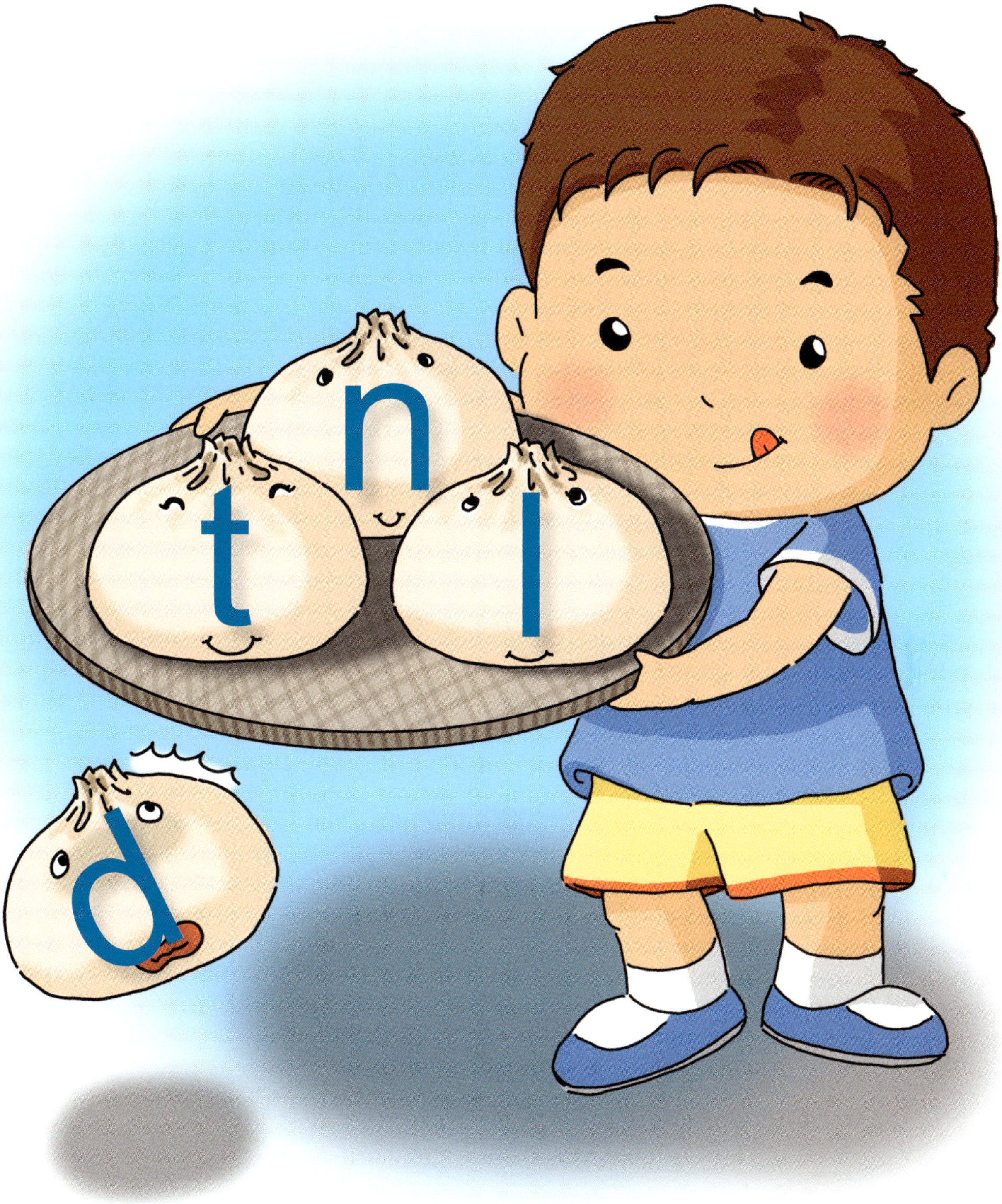

d

dàn

蛋

계란

t

tùzi

兔子

토끼

nánhái

男孩

남자아이

lèi

累

피곤하다

一起练习 함께 듣고 선을 그어봐요

Track 36

1 ★	★ t	
2 ★	★ n	
3 ★	★ l	
4 ★	★ d	

Track 37

1 d

2 t

3 n

4 l

启启 明明과 함께하는

중국어 배우기

Track 38

声母 第3课
성모 제3과

3. 文具 (문구류)

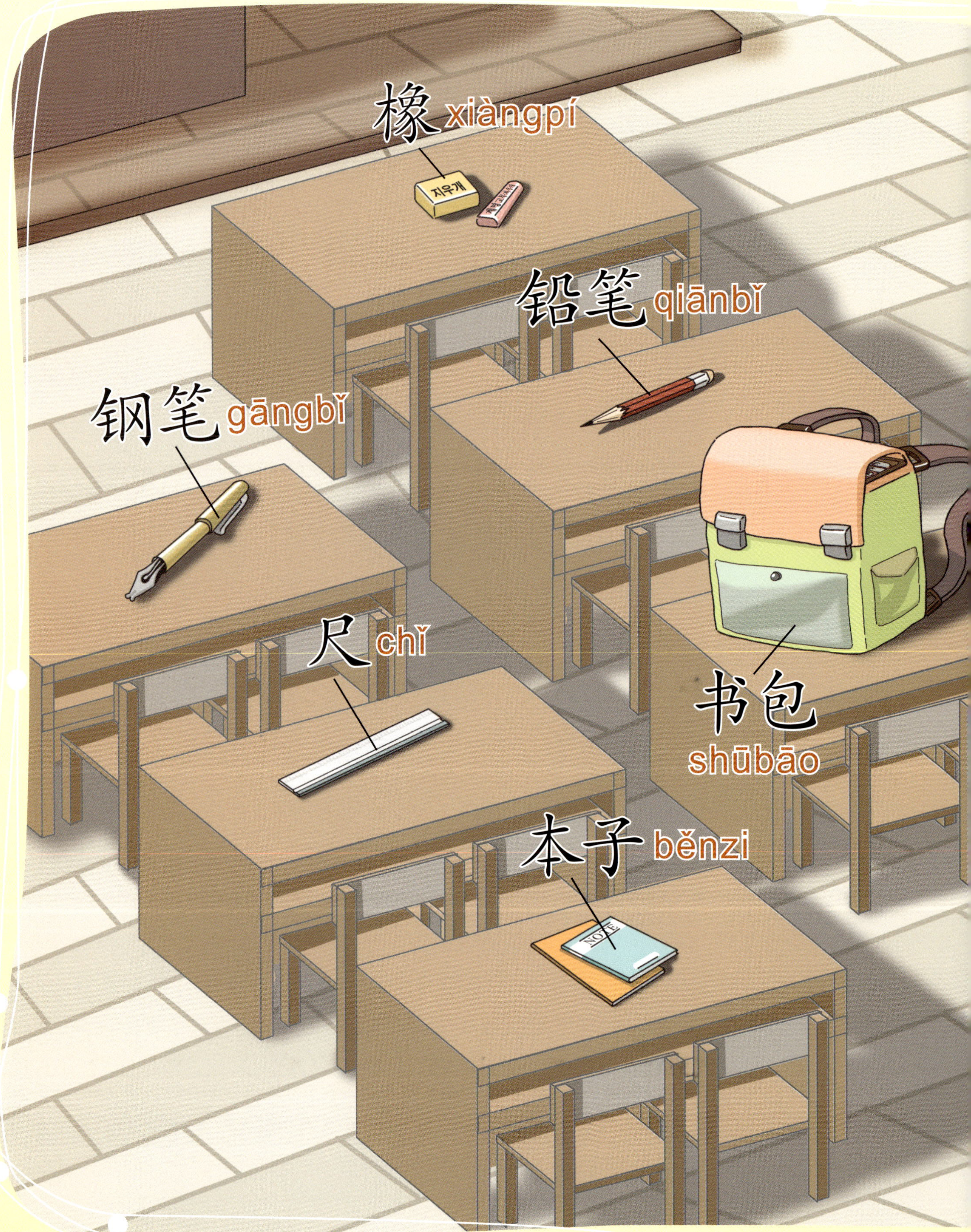

Track 39

gēge
哥哥
형(오빠)

kělè
可乐
콜라

h

hē
喝
마시다

j

jī
鸡
닭

qǐchuáng

起床

일어나다

xǐhuan

喜欢

좋아하다

一起练习 함께 듣고 선을 그어봐요

Track 40

1 ★ ★ g 

2 ★ ★ k 

3 ★ ★ h 

4 ★ ★ j 

5 ★ ★ q 

6 ★ ★ x 

一起来贴 함께 스티커를 붙여봐요

Track 41

1 g

2 k

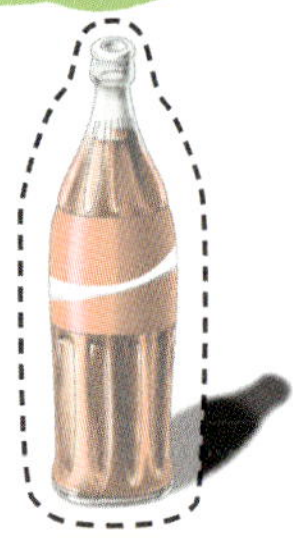

3 h

4 j

5 q

6 x

중국 국기

이것이 바로 중국의 국기 입니다.
중국의 국기는 '오성홍기'라고 부릅니다.
큰 별 한 개와 작은 별 네 개가 그려져 있어요.

启启 明明과 함께하는
중국어 배우기

Track 42

声母 第4课
성모 제 4 과

4. 交通工具(교통수단)

飞机 fēijī
轮船
lúnchuán
火车 huǒchē
自行车 zìxíngchē
汽车 qìchē
地铁 dìtiě

Track 43
zh
ch
sh
r
z
c
s

zhīzhū

蜘蛛

거미

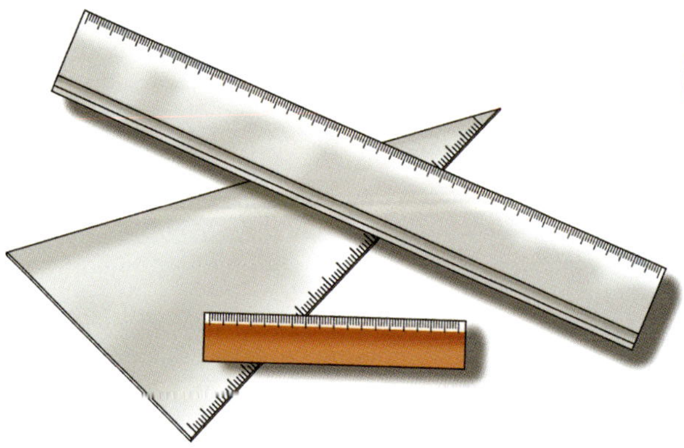

chǐzi

尺子

자

sh

shīzi
狮子
사자

r

rè
热
덥다

zì
字
글자

cídiǎn
词典
사전

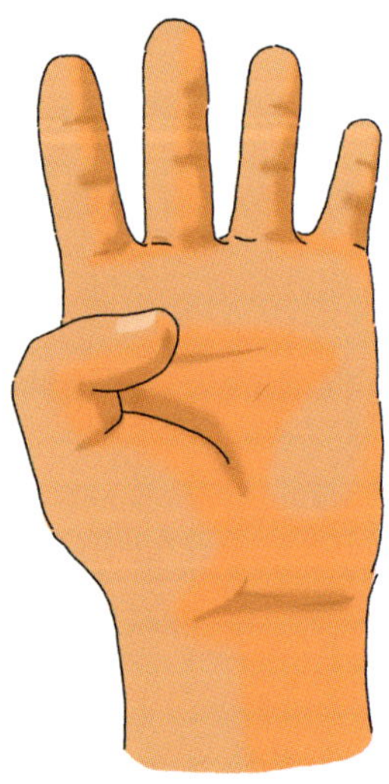

sì
四
4(넷)

一起练习 함께 듣고 선을 그어봐요

Track 44

① ★ ★chi 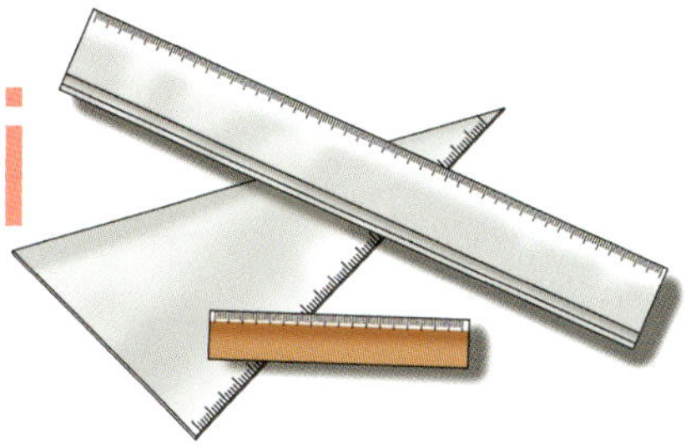

② ★ ★shi 

③ ★ ★zhi 

④ ★ ★ri 

一起来贴 함께 스티커를 붙여봐요

Track 45

1 zhi

2 chi

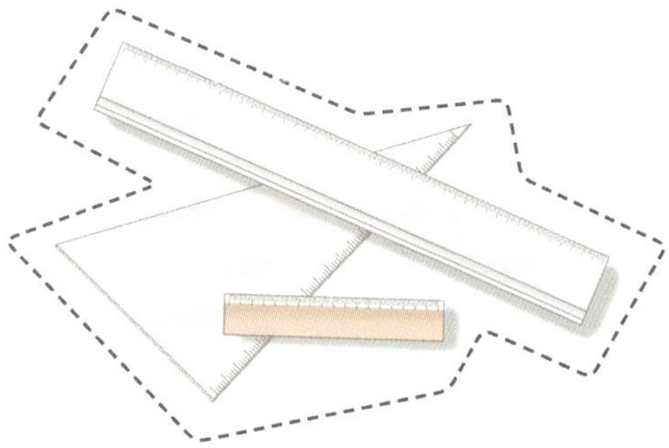

3 shi

4 ri

接虚线连接 점선을 따라 가봐요

Track 46

1 zi

2 ci

3 si

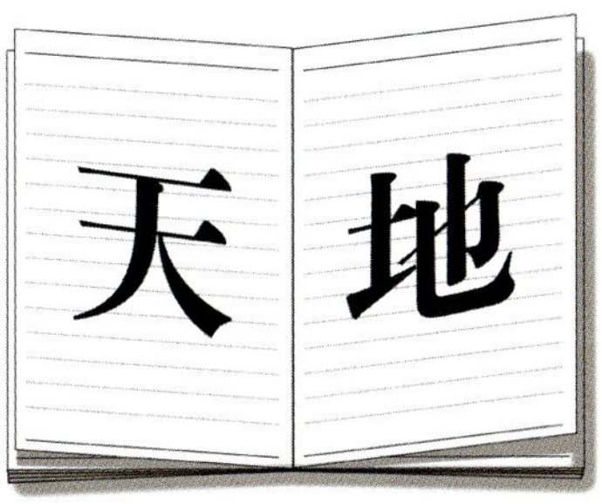

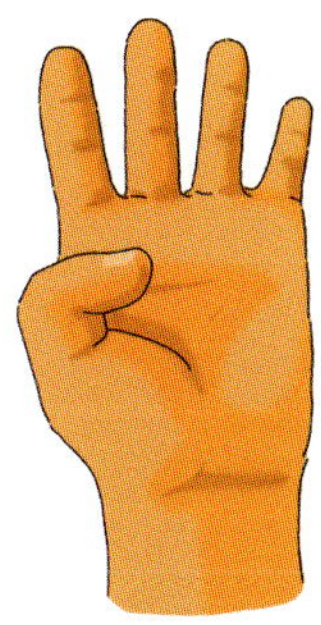

치치·밍밍과 함께하는

중국어 배우기

해석 · 답안

운 모 1과

p.8 **1. 身体(신체)**

头(머리)

眼睛(눈)

鼻子(코)

嘴巴(입)

手(손)

腿(다리)

p.12 **一起练习**

① — ai 

② — a 

③ — an

④ — ao

⑤ — ang 

운 모 2과

p.16 **2. 衣服(옷)**

裙子(치마)

裤子(바지)

旗袍(중국 전통 여자옷)

连衣裙(원피스)

帽子(모자)

袜子(양말)

p.19 **一起练习**

① — ou

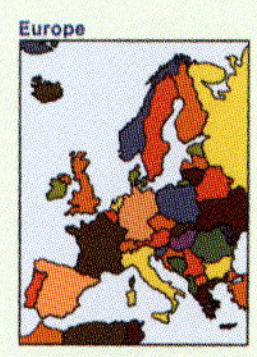

② — ong

③ — o

운 모 3과

p.24 **3. 浴室 (욕실)**

镜子(거울)

牙膏(치약)

毛巾(수건)

杯子(컵)

香皂(비누)

p.28 **一起练习**

운 모 4과

p.32 **4. 家 (집)**

沙发(쇼파)

空调(에어컨)

电视(텔레비젼)

冰箱(냉장고)

洗衣机(세탁기)

电话(전화기)

p.38 **一起练习**

운 모 5과

p.44 **5. 点心 (간식)**

冰淇淋(아이스크림)

面包(식빵)

牛奶(우유)

蛋糕(케익)

糖(사탕)

饺子(만두)

p.50 **一起练习**

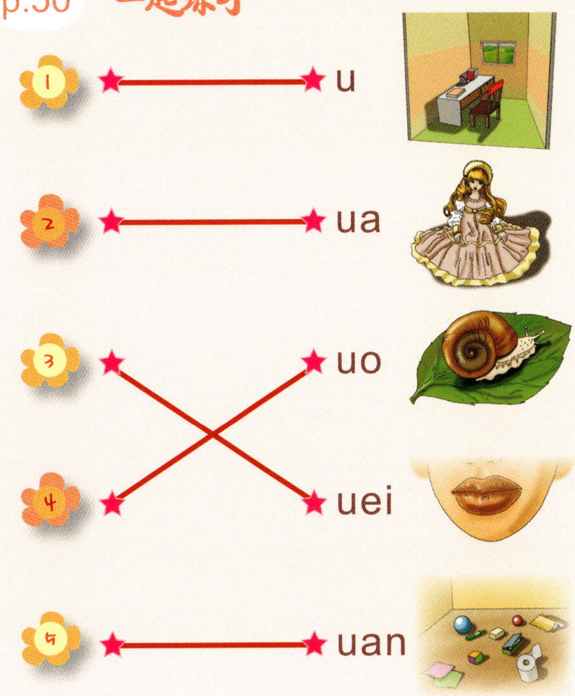

운 모 6과

p.56 **6. 院子 (정원)**

花(꽃)

蝴蝶(나비)

鸟(새)

树(나무)

天(하늘)

太阳(태양)

p.59 **一起练习**

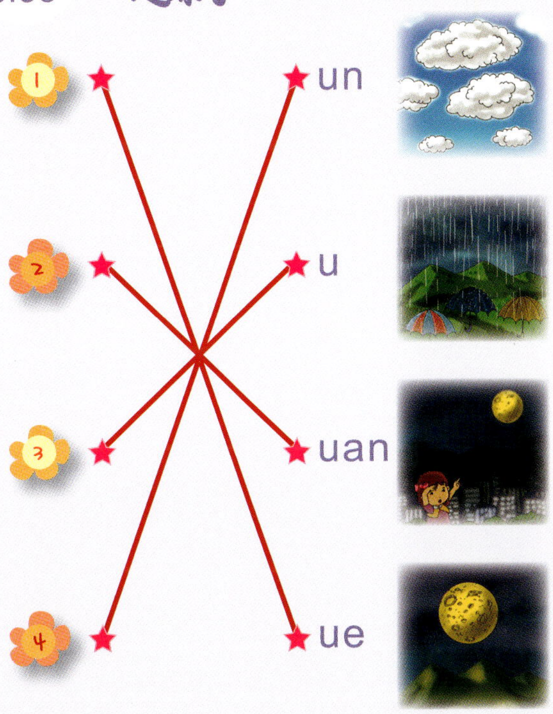

성 모 1과

p.64 **1. 蔬菜 (채소)**

黄瓜(오이)

大葱(파)

土豆(감자)

蒜(마늘)

菠菜(시금치)

西红柿(토마토)

p.68 **一起练习**

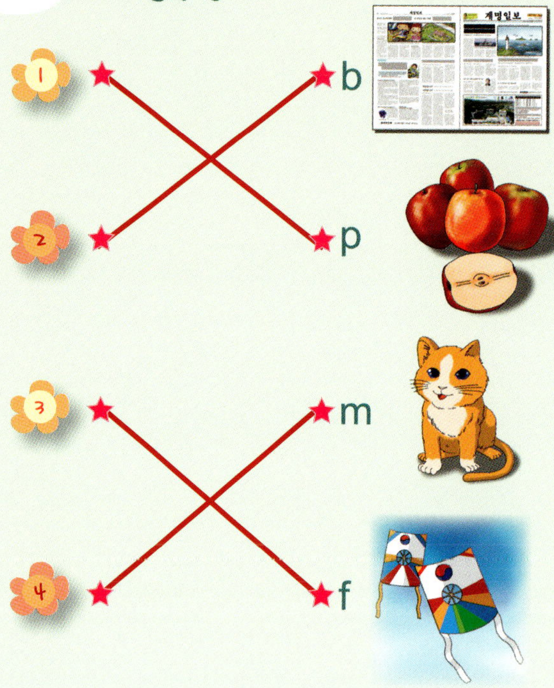

성 모 2과

p.72 **2. 颜色 (색깔)**

绿色(녹색)

黑色(검정색)

白色(흰색)

蓝色(파란색)

黄色(노란색)

红色(빨간색)

p.76 **一起练习**

성 모 3과

p.80 **3. 文具(문구류)**

钢笔(만년필)

尺(자)

本子(공책)

橡(지우개)

铅笔(연필)

书包(책가방)

p.85 **一起练习**

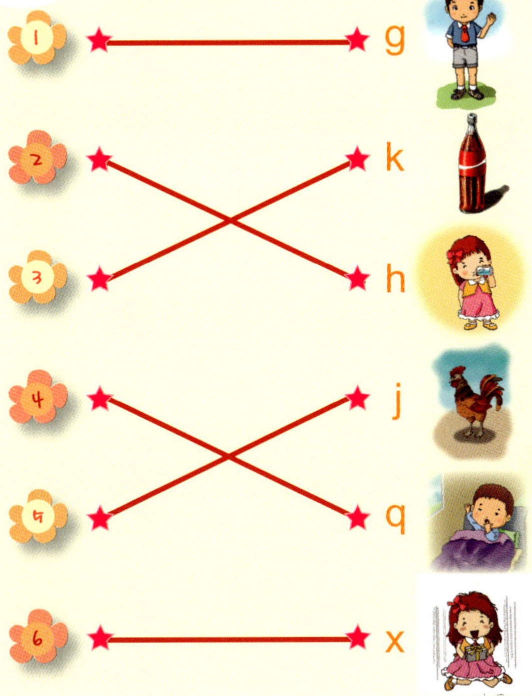

성 모 4과

p.90 **4. 交通工具(교통수단)**

飞机(비행기)

火车(기차)

汽车(자동차)

自行车(자전거)

轮船(배)

地铁(지하철)

p.95 **一起练习**

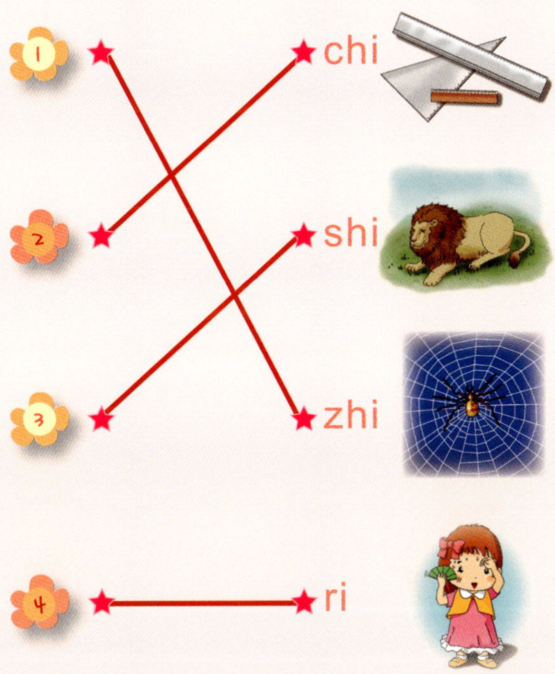

치치·밍밍과 함께하는 중국어 배우기 2단계

지은이 윤창준, 이선희, 김미성, 김아정, 이주현
감 수 유겸공
삽 화 로고펠리스
펴낸이 신일희
펴낸곳 계명대학교 출판부

초판인쇄 2011년 6월 20일
초판발행 2011년 6월 30일

주 소 704-701 대구시 달서구 신당동 1000번지
전 화 053) 580-6233
팩 스 053) 583-5213
등 록 1970. 9. 1.(신고번호 제347-1998-1호)

ISBN 978-89-7585-550-4 74720
ISBN 978-89-7585-554-2 74720(세트)

CD 포함
정가 13,000원

치치·밍밍과 함께하는 중국어 배우기

àì

치치·밍밍과 함께하는 중국어 배우기

bàba

치치·밍밍과 함께하는 중국어 배우기

kàn

치치·밍밍과 함께하는 중국어 배우기

pǎo

치치·밍밍과 함께하는 중국어 배우기

爸爸
아빠

치치·밍밍과 함께하는 중국어 배우기

爱
사랑하다

치치·밍밍과 함께하는 중국어 배우기

跑
달리다

치치·밍밍과 함께하는 중국어 배우기

看
보다

치치·밍밍과 함께하는 중국어 배우기

wǒ

치치·밍밍과 함께하는 중국어 배우기

táng

치치·밍밍과 함께하는 중국어 배우기

kǒnglóng

치치·밍밍과 함께하는 중국어 배우기

ōuzhōu

치치·밍밍과 함께하는 중국어 배우기

糖
사탕

치치·밍밍과 함께하는 중국어 배우기

我
나

치치·밍밍과 함께하는 중국어 배우기

欧洲
유럽

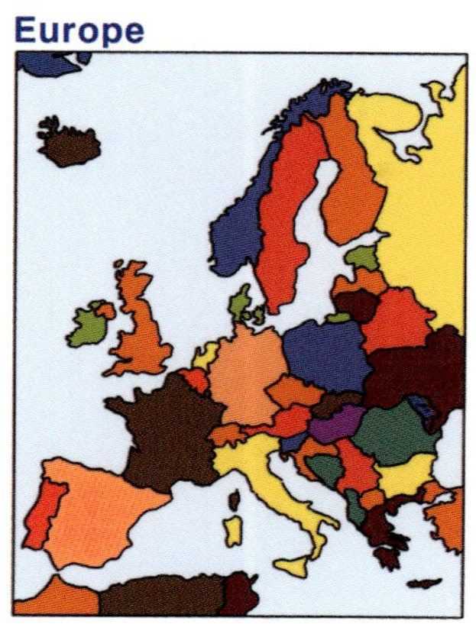

치치·밍밍과 함께하는 중국어 배우기

恐龙
공룡

치치·밍밍과 함께하는 중국어 배우기

fēijī

치치·밍밍과 함께하는 중국어 배우기

è

치치·밍밍과 함께하는 중국어 배우기

mèng

치치·밍밍과 함께하는 중국어 배우기

mén

치치·밍밍과 함께하는 중국어 배우기

饿
배고프다

치치·밍밍과 함께하는 중국어 배우기

飞机
비행기

치치·밍밍과 함께하는 중국어 배우기

门
문

치치·밍밍과 함께하는 중국어 배우기

梦
꿈

yīfu

치치·밍밍과 함께하는 중국어 배우기

ěrduo

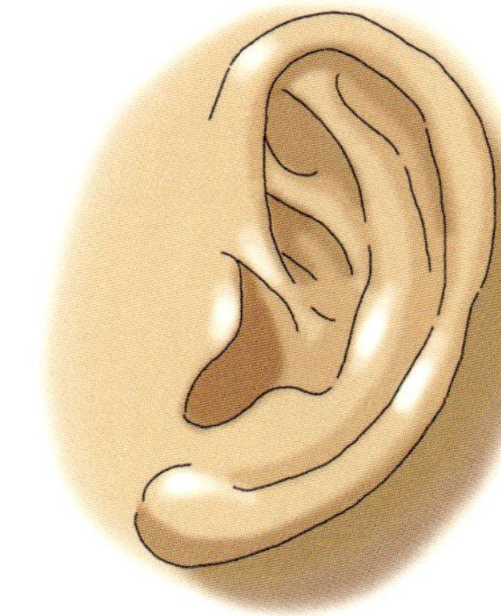

치치·밍밍과 함께하는 중국어 배우기

piàoliang

치치·밍밍과 함께하는 중국어 배우기

yāzi

치치·밍밍과 함께하는 중국어 배우기

耳朵

귀

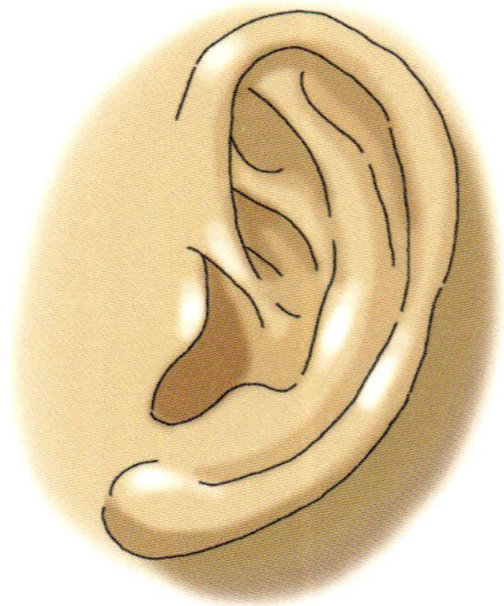

치치·밍밍과 함께하는 중국어 배우기

衣服

옷

치치·밍밍과 함께하는 중국어 배우기

鸭子

오리

치치·밍밍과 함께하는 중국어 배우기

漂亮

예쁘다

치치·밍밍과 함께하는 중국어 배우기

yèzi

치치·밍밍과 함께하는 중국어 배우기

diànnǎo

치치·밍밍과 함께하는 중국어 배우기

píng

치치·밍밍과 함께하는 중국어 배우기

yínháng

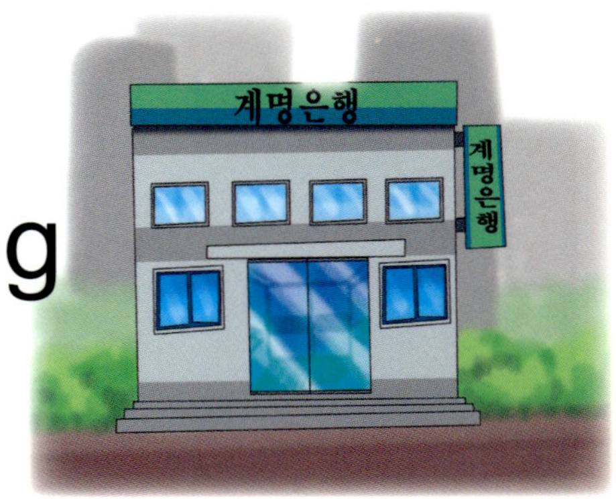

치치·밍밍과 함께하는 중국어 배우기

电脑

컴퓨터

치치·밍밍과 함께하는 중국어 배우기

叶子

나뭇잎

치치·밍밍과 함께하는 중국어 배우기

银行

은행

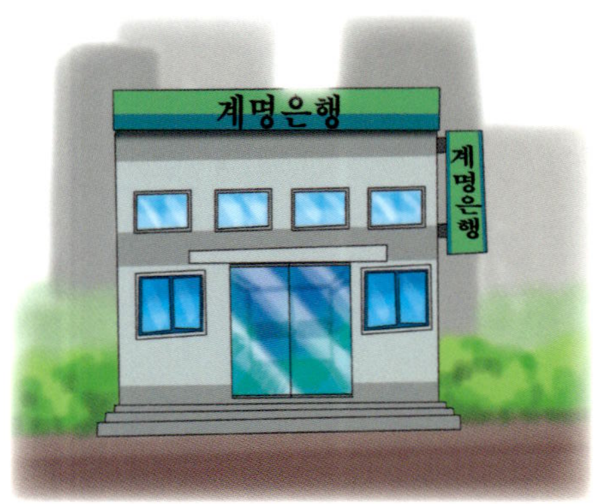

치치·밍밍과 함께하는 중국어 배우기

瓶

병

qiáng

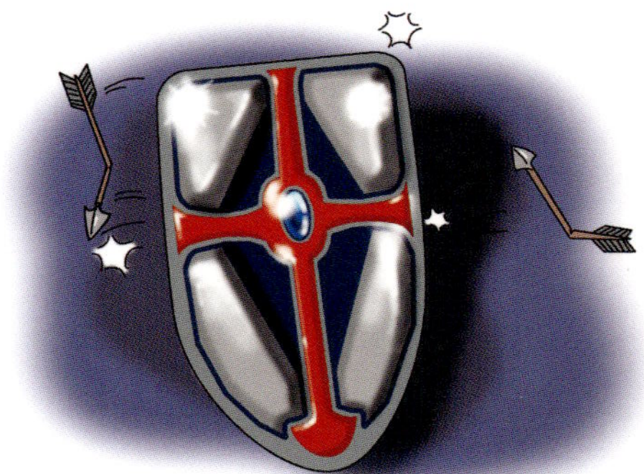

치치·밍밍과 함께하는 중국어 배우기

xióngmāo

치치·밍밍과 함께하는 중국어 배우기

wáwa

치치·밍밍과 함께하는 중국어 배우기

wūzi

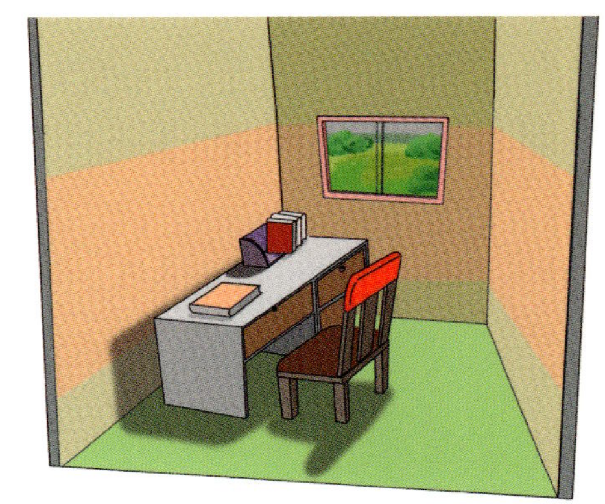

치치·밍밍과 함께하는 중국어 배우기

熊猫

판다 곰

치치·밍밍과 함께하는 중국어 배우기

强

강하다

치치·밍밍과 함께하는 중국어 배우기

屋子

방

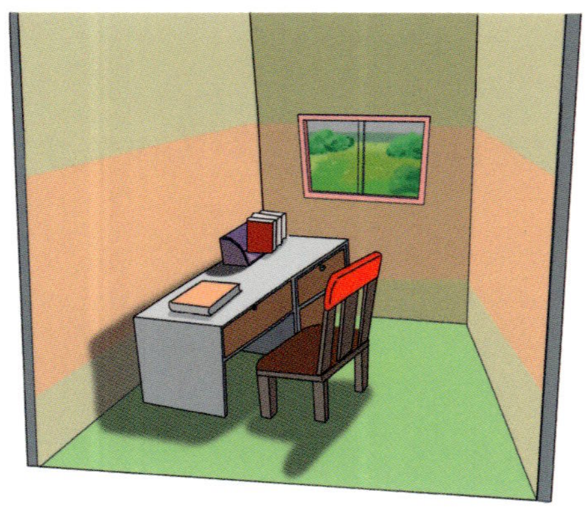

치치·밍밍과 함께하는 중국어 배우기

娃娃

인형

치치·밍밍과 함께하는 중국어 배우기

zuǐba

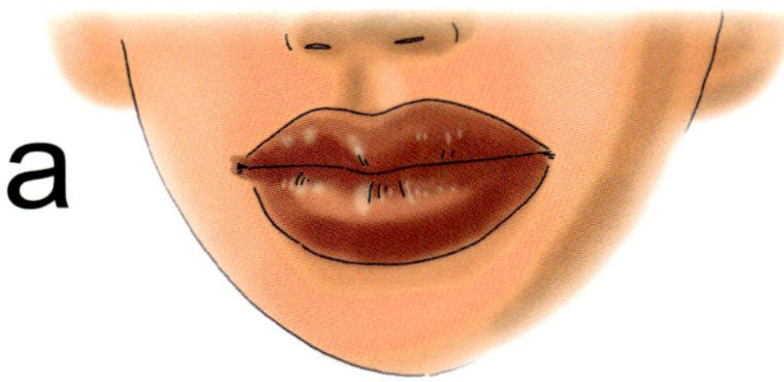

치치·밍밍과 함께하는 중국어 배우기

wōniú

치치·밍밍과 함께하는 중국어 배우기

kuàizi

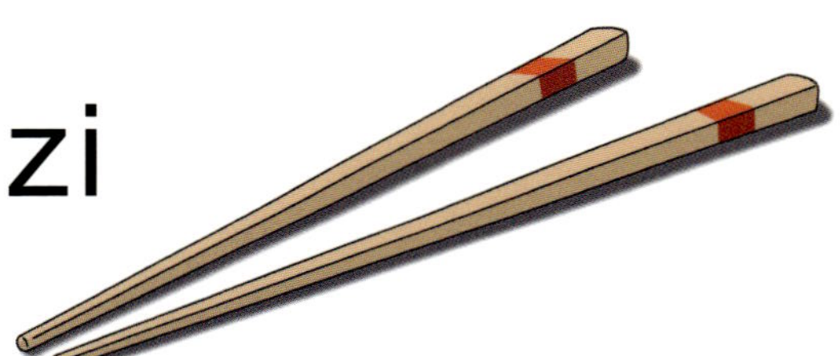

치치·밍밍과 함께하는 중국어 배우기

luàn

蜗牛
달팽이

치치·밍밍과 함께하는 중국어 배우기

嘴巴
입

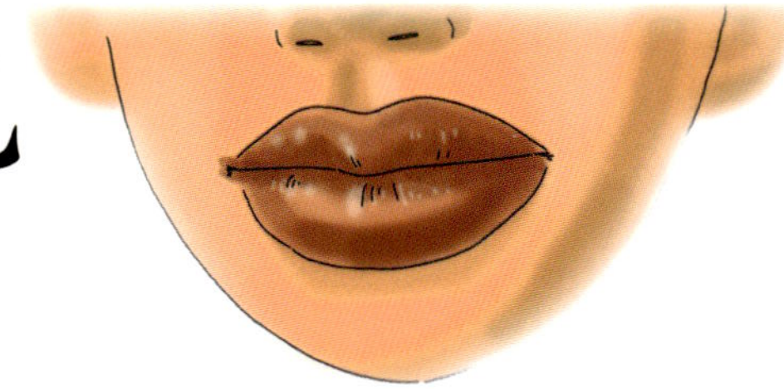

치치·밍밍과 함께하는 중국어 배우기

乱
어지럽다

치치·밍밍과 함께하는 중국어 배우기

筷子
젓가락

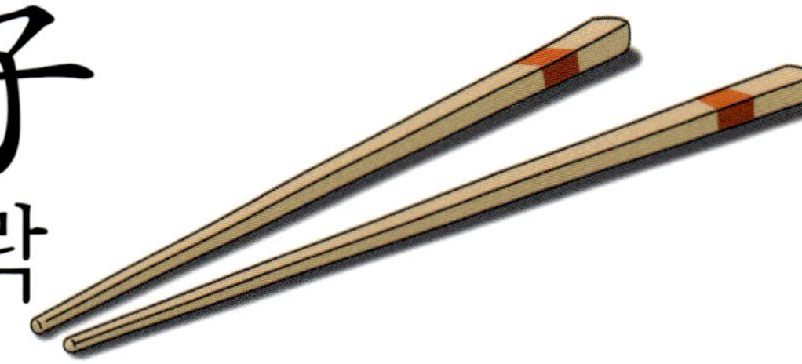

치치·밍밍과 함께하는 중국어 배우기

wèng

치치·밍밍과 함께하는 중국어 배우기

huángsè

치치·밍밍과 함께하는 중국어 배우기

yǔ

치치·밍밍과 함께하는 중국어 배우기

wénzi

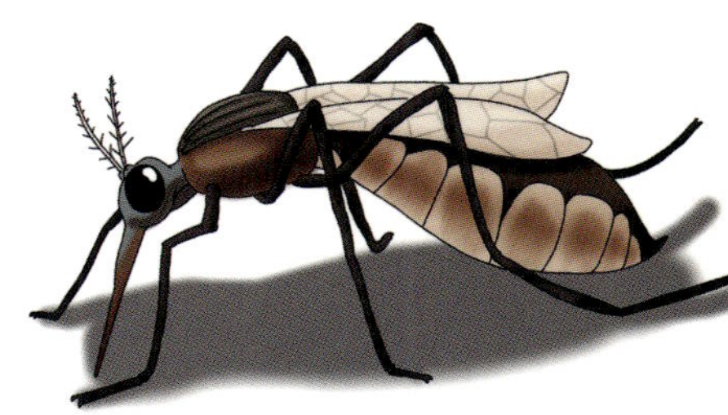

치치·밍밍과 함께하는 중국어 배우기

黄色
노란색

치치·밍밍과 함께하는 중국어 배우기

瓮
항아리

치치·밍밍과 함께하는 중국어 배우기

蚊子
모기

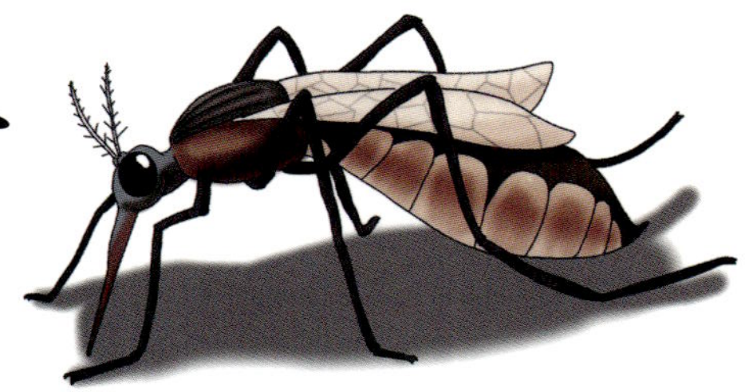

치치·밍밍과 함께하는 중국어 배우기

雨
비

치치·밍밍과 함께하는 중국어 배우기

yuǎn

치치·밍밍과 함께하는 중국어 배우기

yuèliang

치치·밍밍과 함께하는 중국어 배우기

bàozhǐ

치치·밍밍과 함께하는 중국어 배우기

yún

치치·밍밍과 함께하는 중국어 배우기

月亮
달

치치·밍밍과 함께하는 중국어 배우기

远
멀다

치치·밍밍과 함께하는 중국어 배우기

云
구름

치치·밍밍과 함께하는 중국어 배우기

报纸
신문

치치·밍밍과 함께하는 중국어 배우기

māo

치치·밍밍과 함께하는 중국어 배우기

píngguǒ

치치·밍밍과 함께하는 중국어 배우기

dàn

치치·밍밍과 함께하는 중국어 배우기

fēngzheng

치치·밍밍과 함께하는 중국어 배우기

苹果
사과

치치·밍밍과 함께하는 중국어 배우기

猫
고양이

치치·밍밍과 함께하는 중국어 배우기

风筝
연

치치·밍밍과 함께하는 중국어 배우기

蛋
계란

치치·밍밍과 함께하는 중국어 배우기

nánhái

치치·밍밍과 함께하는 중국어 배우기

tùzi

치치·밍밍과 함께하는 중국어 배우기

gēge

치치·밍밍과 함께하는 중국어 배우기

lèi

兔子
토끼

男孩
남자아이

累
피곤하다

哥哥
형(오빠)

hē

치치·밍밍과 함께하는 중국어 배우기

kělè

치치·밍밍과 함께하는 중국어 배우기

qǐchuáng

치치·밍밍과 함께하는 중국어 배우기

jī

可乐

콜라

치치·밍밍과 함께하는 중국어 배우기

喝

마시다

치치·밍밍과 함께하는 중국어 배우기

鸡

닭

치치·밍밍과 함께하는 중국어 배우기

起床

일어나다

치치·밍밍과 함께하는 중국어 배우기

zhīzhū

치치·밍밍과 함께하는 중국어 배우기

xǐhuan

치치·밍밍과 함께하는 중국어 배우기

shīzi

치치·밍밍과 함께하는 중국어 배우기

chǐzi

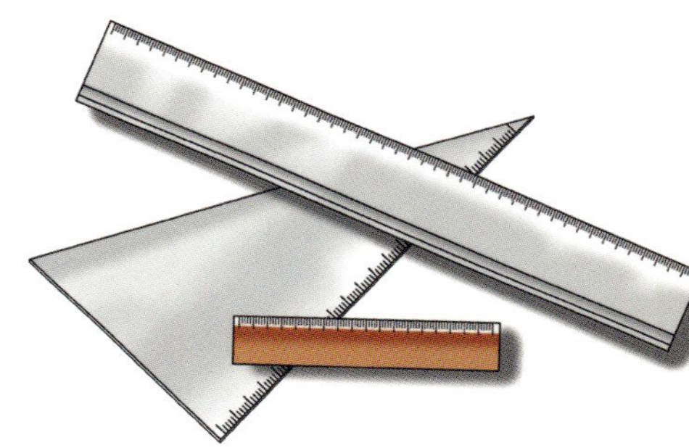

喜欢
좋아하다

치치·밍밍과 함께하는 중국어 배우기

蜘蛛
거미

치치·밍밍과 함께하는 중국어 배우기

尺子
자

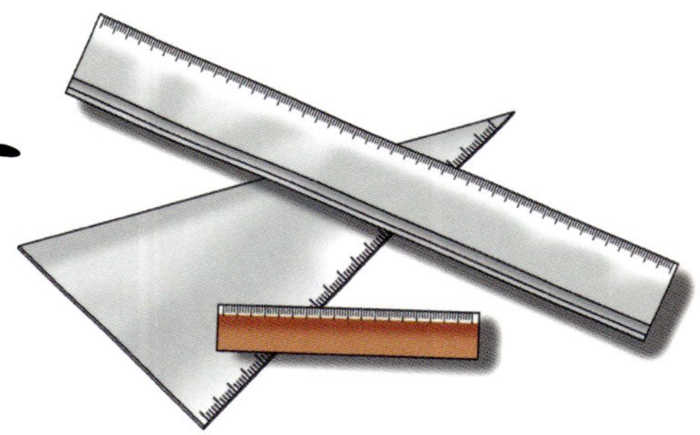

치치·밍밍과 함께하는 중국어 배우기

狮子
사자

치치·밍밍과 함께하는 중국어 배우기

zì

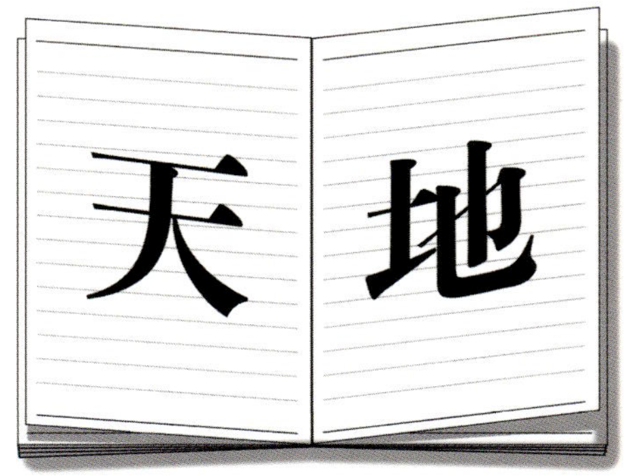

치치·밍밍과 함께하는 중국어 배우기

rè

치치·밍밍과 함께하는 중국어 배우기

sì

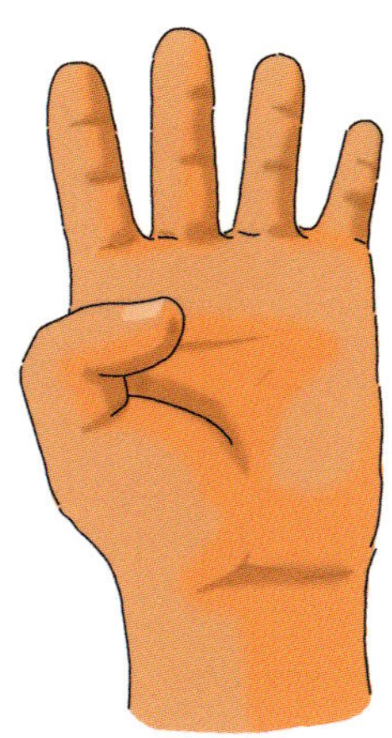

치치·밍밍과 함께하는 중국어 배우기

cídiǎn

치치·밍밍과 함께하는 중국어 배우기

热
덥다

치치·밍밍과 함께하는 중국어 배우기

字
글자

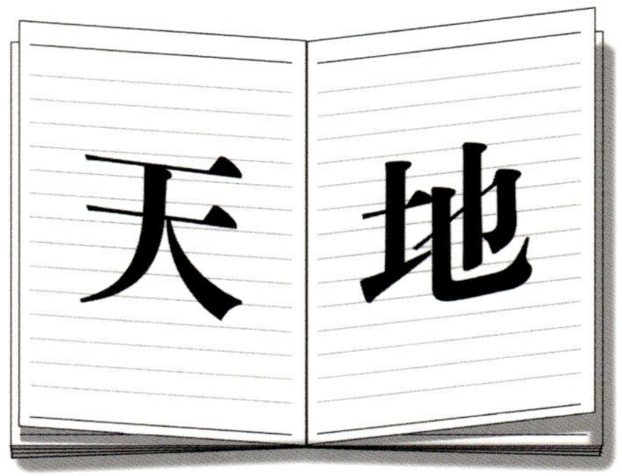

치치·밍밍과 함께하는 중국어 배우기

词典
사전

치치·밍밍과 함께하는 중국어 배우기

# 四
4(넷)

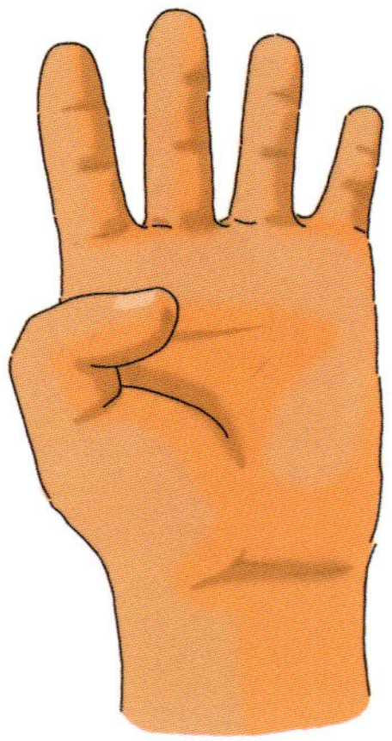

一起来贴 함께 스티커를 붙여봐요

운모 1과

P. 13

운모 2과

P. 20

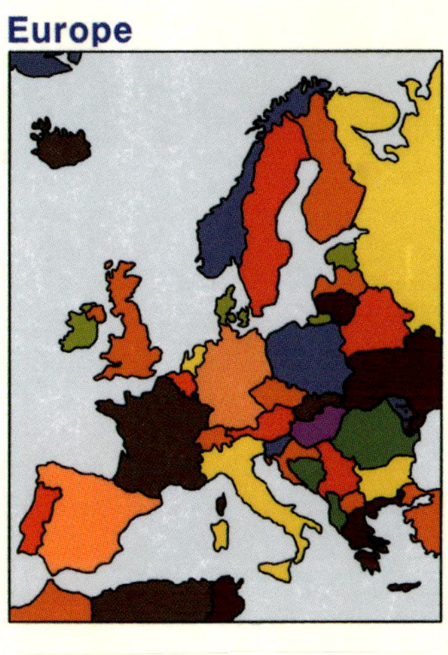

운모 3과

P. 29

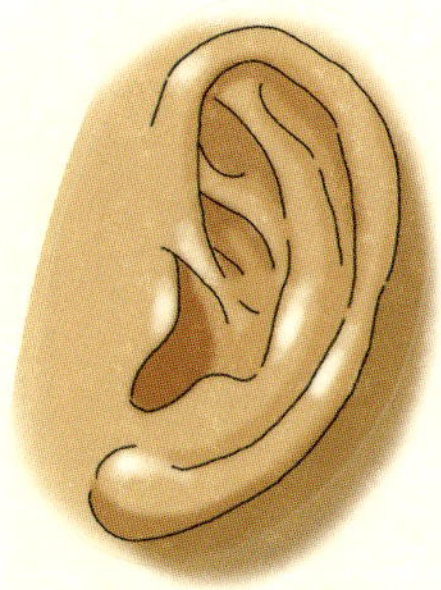

운모 4과

P. 40

운모 5과

P. 52

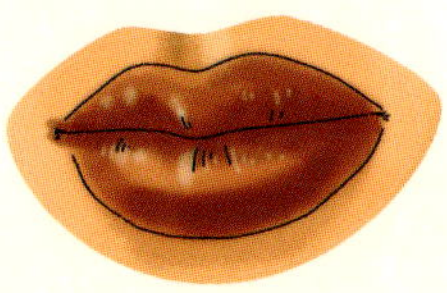

운모 6과

P. 61

성모 1과

P. 69

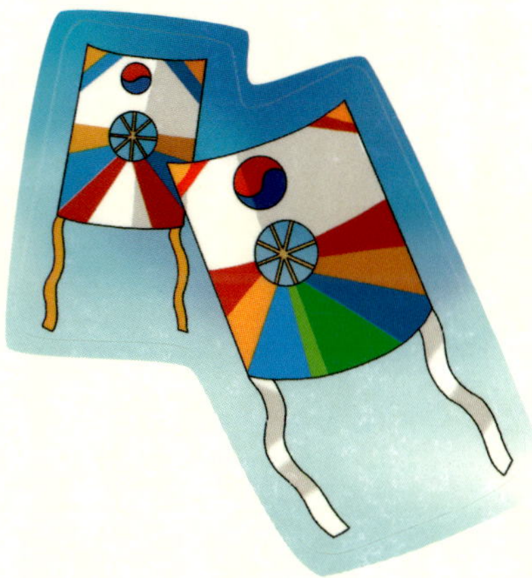

성모 2과

P. 77

성모 3과

P. 86

성모 4과

P. 96

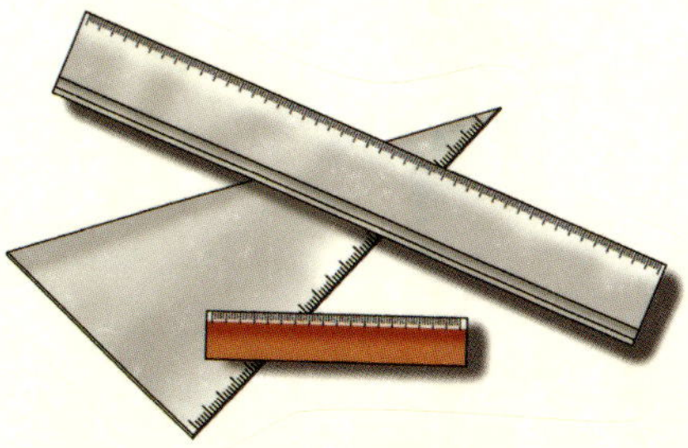